Guía para Familiares de Enfermos de Alzheimer

"Querer cuidar, saber hacerlo"

REYNA AGUIRRE

Guía para Familiares de Enfermos de Alzheimer

"Querer cuidar, saber hacerlo"

ImagiLab

Guía para Familiares de Enfermos de Alzheimer
© Reyna Aguirre, 2023

Todos los derechos reservados. Ninguna parte de esta publicación puede ser reproducida, o transmitida de ninguna forma o por ningún medio (de manera electrónica, fotografiada, fotocopiada, grabada o almacenada en ningún sistema) sin un permiso previo del autor.

Publicado por:

ImagiLab.us

+1 702 559 5156
info@imagilab.us
Las Vegas, Nevada,
Estados Unidos de América.

ÍNDICE

Prólogo — 7

Introducción — 11

El Enfermo De Alzheimer Y Su Cuidador — 15

CUIDADOS A LA PERSONA CON ALZHEIMER

Higiene Personal — 19

Nutrición — 21

Entorno — 25

Autonomía — 31

Incontinencia Urinaria — 37

Estreñimiento — 39

Cambios De Comportamiento — 41

Comunicación Con Personas Con Demencia — 53

APRENDER A CUIDARSE

Consecuencias De Ser Cuidador — 59

La Salud Del Cuidador Principal — 63

Señales De Alerta — 62

Cómo Saber Si Soy Un Cuidador Sobrecargado   67
Estrategias Para Cuidarse Cuidando   69
Manejo De Situaciones Difíciles   77
Reacciones Catastróficas   79

RECURSOS

Información General   83
Centros De Servicios Sociales   85
Servicios Domiciliarios   87
Programa Salute Hospice Inc   91
Centros De Día Especializados   93
Programa Respiro Familiar   97
Programa Cuidar Al Cuidador   99
Residencias   101

ASPECTOS LEGALES

Información General   105

PRÓLOGO

Es una satisfacción presentarles esta Guía para cuidadores y familiares de enfermos de Alzheimer, y lo es por un doble motivo: Por un lado, porque estoy convencida de que constituye una valiosa herramienta para todos esos cuidadores y familias que, de manera anónima, llevan a cabo su tarea cuidadora día a día, con encomiable abnegación y dignidad. Y por otro, por la profesionalidad y la ilusión con la que el equipo profesional del cuidado de adultos mayores ha trabajado en su elaboración. He tenido ocasión de conocer de primera mano algunos testimonios de personas que cuidan durante meses, e incluso años, a familiares y pacientes enfermos de Alzheimer. Ello me ha llevado a animar este trabajo en la confianza de que una publicación como la que les presentamos pueda apoyar eficazmente en la tarea cuidadora, al enfermo y al cuidador.

La familia que se enfrenta al Alzheimer cuando este se manifiesta en alguno de sus seres queridos tiene ante sí una difícil tarea. Es importante querer cuidar, pero no lo es menos, saber hacerlo. Ambos elementos, el saber y el cariño puestos en el cuidado, hacen posible muchas veces que la persona mayor aquejada de esta enfermedad pueda permanecer en su propio hogar hasta sus últimos días.

De ello, entre otras cosas, trata la Guía que en la organización ha querido desarrollar pensando en los adultos mayores y sus familias.

La propia estructura del libro que tiene en sus manos: - el enfermo de Alzheimer y su cuidador; cuidados al adulto mayor con Alzheimer; cuidados al cuidador; recursos; aspectos legales; de interés, posee un eminente carácter práctico que obedece igualmente a un deseo por facilitar lo más posible esa tarea.

La organización y los profesionales que trabajan en el ámbito de la atención a los adultos mayores en particular, quieren reconocer desde esta sencilla herramienta tantas horas de cuidado y atención dispensadas desde la propia familia a aquellas personas que padecen Alzheimer, para quienes tan importante es, sin duda alguna, el trato y la calidad de la atención que reciben.

Vaya por delante nuestra sincera admiración y respeto por todos ellos, enfermos y cuidadores.

Ellos llenan de sentido muchas horas de nuestro quehacer diario.

INTRODUCCIÓN

La mayoría de las personas mayores son autónomas e independientes, y una minoría necesita cuidados de los demás. Éste es el caso de las personas que sufren la enfermedad de Alzheimer.

Cuidar a una persona mayor conlleva esfuerzo y dedicación y en muchos casos implica renuncias a otra forma de vida, a dedicar más tiempo al resto de la familia, a los amigos, a uno mismo. Afortunadamente, cuidar también significa el descubrimiento de aptitudes y habilidades que, de otro modo nos hubieran pasado desapercibidos. Igualmente, puede llevar a que se establezca una relación más próxima con la persona que cuidamos o con otros familiares y percibamos en ellos facetas positivas que hasta entonces habían permanecido ocultas para nosotros. Por todo ello, una gran parte de los cuidadores pueden acabar descubriendo la íntima satisfacción de ser útiles a sus familiares más próximos. En la mayoría de los casos, la familia cuida con dedicación y afecto a sus familiares respondiendo así a sus necesidades. Aun cuando, hoy día en el mundo la ayuda que proporcionan las instituciones son importantes, los familiares son sin duda la fuente principal de apoyo y ayuda para las personas mayores.

Todos sabemos que la ayuda que proviene de la familia es, en principio, la mejor que se puede ofrecer a las personas mayores y que recibir esta ayuda, es una buena forma de que las personas sientan que sus necesidades físicas, sociales y afectivas están resueltas.

Sin embargo, quienes cuidan no siempre están preparados para responder ante las tareas, tensiones y esfuerzos que supone el cuidado.

Los cuidadores se aventuran, por imposición de su realidad, en una tarea con una gran dosis de empeño y voluntad, pero a lo largo del camino se ven expuestos a un buen número de emociones y sentimientos. Algunos de ellos son positivos, como los sentimientos de satisfacción por contribuir al bienestar de un ser querido. Pero también, frecuentemente, las hay negativos, como la sensación de impotencia, sentimientos de culpabilidad, de soledad, de preocupación o de tristeza. A veces los cuidadores tienen sensación de que su salud ha empeorado desde que comenzaron a cuidar a sus familiares mayores. Es importante que el cuidador tenga suficientes conocimientos que le ayuden a prepararse en esta labor de cuidados, conozcan a los profesionales de referencia y manejen guías orientativas que les permita reconocer y expresar sus preocupaciones y sentimientos acerca de las enfermedades, del enfermo y de sí mismo como cuidador.

Si usted es cuidador de padre, madre, esposo, esposa, suegro, suegra o hermanos que padecen la enfermedad de Alzheimer va a precisar a lo largo de su trayectoria como cuidador principal consejos y apoyos de distintos profesionales médicos, de enfermería, psicólogos o trabajadores sociales. ¡Pídalos! **No está solo**.

Este manual o guía solo pretende darle unas pautas que le puedan hacer la función de cuidador más fácil, además de hacerle pensar en sí mismo. La consulta de esta guía en ningún caso sustituye el consejo de estos profesionales cercanos, pero le sirve para poder darle respuestas en momentos puntuales a sus dudas y le ayudará a pensar en su mayor y en sí mismo con más claridad.

La información se agrupa en cuatro grandes bloques. El primero aborda los cuidados hacia su mayor enfermo. El segundo cómo cuidar cuidándose usted como cuidador principal, sin que suponga un riesgo a su propia salud y bienestar. En el tercer apartado se abordan recursos sociales de apoyo tanto al cuidador como al enfermo de Alzheimer. Y en el último se abordan aspectos legales y se aporta interés.

Como ve, está guía está orientada a entender el papel del cuidador del enfermo de Alzheimer y prepararle para los retos que puedan ir surgiendo.

¡Es suya y a usted se la dedicamos!

El enfermo de Alzheimer y su cuidador

La Demencia es una de las enfermedades crónicas que afecta a la población mayor, aumentando su frecuencia con la edad.

La aparición de una demencia tipo Alzheimer en un individuo va a cambiar sin lugar a dudas su vida y la de sus familiares.

A la persona mayor la enfermedad le origina deterioro de las facultades psíquicas. El primer síntoma es la pérdida de memoria, luego aparece la incapacidad de pensar con lógica, de aprender, de recordar, de planificar su futuro, así como de controlar y/o detener los comportamientos complejos. Todos estos cuadros además se acompañan de cambios afectivos y emocionales que alteran aún más la normal convivencia entre el enfermo y quienes le rodean.

En las personas con enfermedad de Alzheimer se añade una progresiva dificultad para realizar la tareas cotidianas e incapacidad cada vez más manifiesta de tomar decisiones sobre su vida y sus cuidados, y todo ello con la poca o nula conciencia de que están enfermos. Esta situación provoca en las personas que le cuidan una sobrecarga de cuidados al tener que satisfacer continuas demandas.

Ante este escenario tan complejo y abrumador, algunos cuidadores se enfrentan con escasa formación e información, supliéndola con la fuerza del cariño y sin poder evitar, que esta carga cada vez más pesada, pueda afectar su estado de salud.

Es por ello que cuando a un adulto mayor se le diagnostica de enfermedad de Alzheimer, también se está anunciando un cambio de estilo de vida para sus familiares y sobre todo para su cuidador principal. La enfermedad conlleva, en la mayoría de los casos, dos pacientes al mismo tiempo: el mayor enfermo que es el que se ve, al que llevan a la consulta, al que cuidan, con síntomas de demencia, con trastornos de conducta e incapacitado; otro, el cuidador principal, que es sin duda el "paciente oculto" de la enfermedad y que precisa de igual manera atención, dedicación y consejo, para disminuir su sobrecarga física y psicológica.

Y así, durante el tiempo que dura la enfermedad de Alzheimer que en líneas generales son bastantes años, el mayor enfermo requiere de cuidados cada vez más complejos y continuados. Estos, frecuentemente son prestados en solitario por sus cónyuges, hijas / os, nueras, yernos, hermanos / as, afectando a sus actividades cotidianas, a sus relaciones, a los otros familiares, cambiando sus costumbres, modificando el ritmo de sueño y un largo etcétera. Estas demandas de cuidados continuados, provoca en el cuidador unos efectos negativos sobre su estado de salud que son conocidos como "sobrecarga".

Este es el motivo por el cual el cuidador debe de ser asesorado y atendido junto con su familiar enfermo, para saber cuidarse y hacer frente a situaciones de difícil manejo en el seno de la unidad familiar. La demanda de ayuda va dirigida a diferentes y múltiples profesionales, médicos, trabajadoras sociales, La solicitud de los recursos y la información puede realizarse tanto en los servicios sociales como en los servicios de salud, recibiendo por ambos, recursos combinados que procuren la mejor atención tanto al mayor enfermo de Alzheimer como al cuidador principal, protagonista secundario de esta enfermedad. Psicólogos, enfermeras, terapeutas ocupacionales, que deben de estar preparados para procurársela.

Frente a esta situación tan demandante, no se debe de olvidar la importancia que tiene el "cuidar al cuidador "y enseñarle a cuidarse. Por ello ante toda atención, apoyo, consejo o cuidados que se oferten para la persona mayor con demencia, debe de valorarse al lado la situación del cuidador principal si queremos realmente que los cuidados dados sean de calidad.

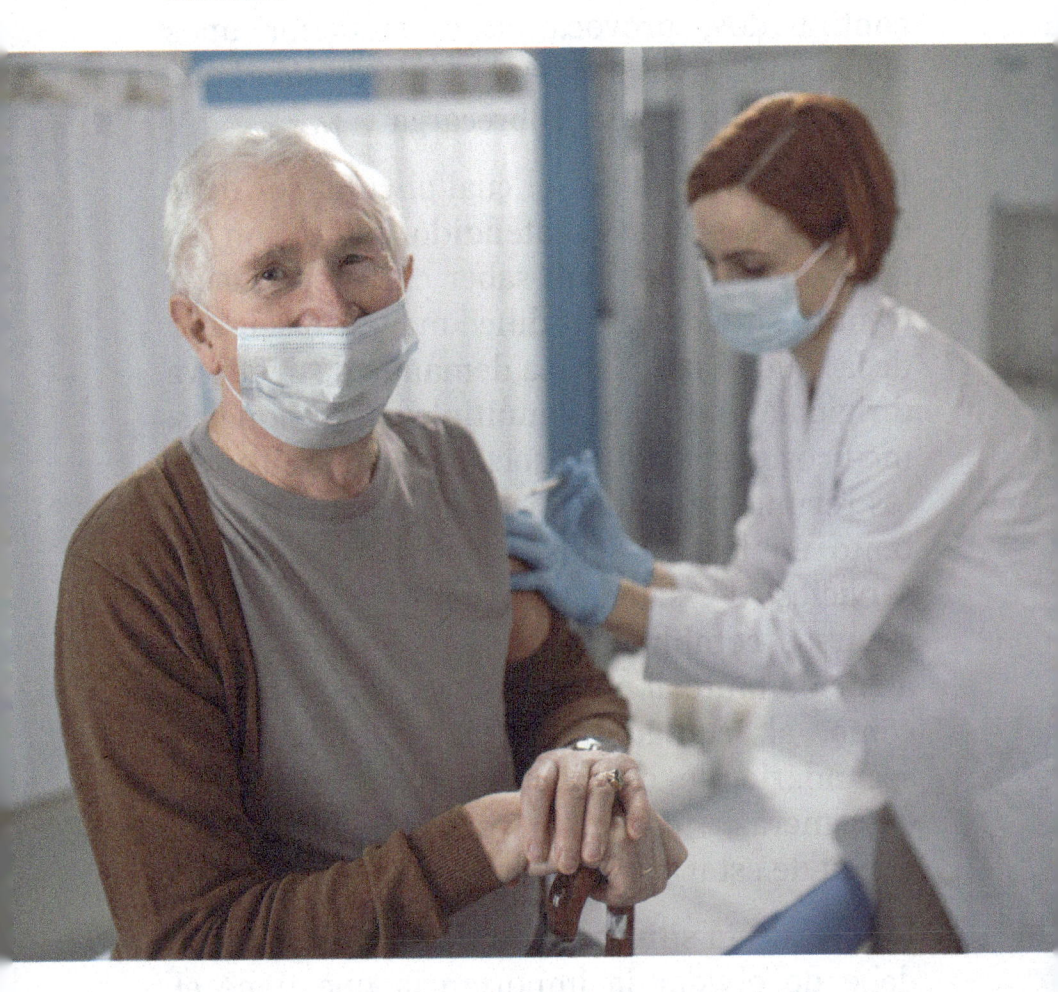

HIGIENE PERSONAL

Hay que conocer que una buena higiene del mayor enfermo es importante para encontrarse bien y mantener una buena imagen. También es necesario para prevenir complicaciones físicas (irritaciones, heridas, infecciones, úlceras), psicológicas (alteraciones de la autoestima, trastornos de conducta como agresividad, negación, etc.) y sociales (rechazo, disminución de la participación de actividades y aislamiento social).

A las personas con demencia hay que animarlas a mantener la higiene y no perder el hábito diario. En las últimas fases de la enfermedad, será necesario supervisar o ayudar en lo que necesiten. Mantener las capacidades que poseen, haciéndoles sentir autónomos y seguros. El cuidado de la boca, especialmente, es de gran importancia por la función que desempeña en una correcta alimentación.

PAUTAS A SEGUIR

El baño o ducha debe ser una actividad placentera, teniendo especial cuidado con la temperatura del agua.

Siempre que sea posible deje que se lave, peine o afeite solo, proporcionándole el tiempo necesario.

Explique los pasos a seguir guiándole con ligera ayuda.

Realice el lavado del cabello lo último para evitar agitación.

Seque concienzudamente los pliegues, especialmente en pies y manos.

Se requiere el cepillado de los dientes y de la lengua con un cepillo suave, después de cada comida y antes de ir a dormir.

En el caso de la dentadura postiza, debe limpiarse como mínimo una vez al día, con un cepillo de fibras duras y guardarla en un vaso de agua que se cambiará diariamente.

RECUERDE

Una buena higiene hace sentirse mejor y tener una buena imagen.

NUTRICIÓN

Un adecuado aporte nutricional es importante para el mantenimiento de la salud y de la calidad de vida.

En el enfermo con Alzheimer el aporte nutricional necesario puede verse alterado, perdiendo peso desde los primeros estadios y evolucionando a la malnutrición y desnutrición. Los factores que influyen son:

Insuficiente ingesta: La depresión o ansiedad disminuye el apetito. Los trastornos de memoria y de juicio interfieren en la compra, almacenamiento y cocinado de la comida.

La propia enfermedad y el aumento de actividad física (vagabundeo) elevan el gasto energético.

Los trastornos de masticación y la deglución dificultan la toma de alimentos.

PAUTAS A SEGUIR

En las primeras fases se le debe hacer partícipe de la compra y elaboración de la comida. Esto le ayudará a mantener la actividad y estimular la memoria.

Debe intentar mantener el horario y el lugar de las comidas. El servicio de mesa será lo más sencillo posible, suprimiendo objetos que puedan confundirlo.

Cuando aparezcan problemas para manejar los cubiertos, se le dará de uno en uno y más tarde se le dejará comer con los dedos.

El ambiente debe ser tranquilo, sin estímulos externos (TV, radio), para evitar que se distraiga.

No debe obligarle a comer por fuerza, utilice estrategias de distracción con tono tranquilo y suave.

Una buena estrategia a la hora de comer es ponerse enfrente para que pueda imitar sus mismos actos.

En las fases avanzadas, cuando no sea capaz de masticar, lo más indicado es la alimentación triturada.

Cuando aparezcan atragantamientos, debe de mantener una dieta de textura uniforme, aportando líquidos en forma de gelatinas y sólidos triturados con espesantes (copos de puré de patata o espesantes comerciales).

RECUERDE

Vigile el peso y la alimentación de su familiar o cliente. Las necesidades energéticas se incrementan con la progresión de la enfermedad.

ENTORNO

El entorno del enfermo de Alzheimer requiere que se haga algunas modificaciones, pero sin cambios drásticos que puedan confundirle hasta el punto de que el medio deje de resultarles familiar.

Con esas modificaciones se perseguirá:

Aumentar la comodidad e independencia.

Facilitar la realización de las actividades básicas de la vida diaria (vestido, aseo, baño, alimentación, etc.).

Aumentar la seguridad y prevenir accidentes (caídas, intoxicación, etc.).

PAUTAS GENERALES

Cada habitación deberá señalizarse con un dibujo apropiado o palabras reconocibles en mayúsculas (ejemplo: baño con un dibujo del inodoro o la bañera).

Se cerrarán aquellas estancias en las que no se desee que entre o pueda resultar peligrosa (ejemplo: la cocina).

El entorno debe ser sencillo, seguro y facilitar la autonomía.

Las adaptaciones deben de hacerse de forma gradual y acorde a las necesidades.

La cocina puede tratarse de uno de los lugares más peligrosos de la casa.

RECUERDE

Sustituir la cocina de gas o eléctrica por una vitrocerámica.

Utilizar vajilla y vasos irrompibles, de colores, para visualizarlos mejor y con manteles antideslizantes.

Guardar en un lugar seguro o bajo llave los utensilios punzantes o peligrosos (cuchillos, cerillas, tóxicos, etc.).

Situar aquellos utensilios de uso más frecuente en un lugar accesible y evitar el uso de taburetes o escaleras.

Señalizar mediante dibujos o palabras escritas el contenido de los armarios.

El **baño** es una de las estancias donde hay que realizar más adaptaciones para conseguir un lugar seguro y facilitar la autonomía.

PAUTAS A SEGUIR

Sustituir la bañera por un plato de ducha, colocar un asiento y asideros, para evitar resbalones y caídas.

Quitar los pestillos o cerraduras. La puerta de salida no debe abrirse hacia adentro si no hay suficiente espacio en el interior.

El suelo del baño debe ser antideslizante.

Utilizar programadores de temperatura máxima de 37° para evitar quemaduras.

Guardar los productos de limpieza en un lugar seguro, sacándolos solo para la actividad del aseo.

Guardar los medicamentos en un armario bajo llave.

El **dormitorio** es uno de los lugares donde pueden ocurrir más caídas, por mala iluminación, barreras o traslados.

PAUTAS A SEGUIR

Colocar una llave de luz cerca de la cama, a ser posible colocar un piloto que permanezca encendido toda la noche.

Si por la noche se levanta al baño, deje la luz piloto y la del cuarto de baño encendido, para que sepa el camino.

Señalizar mediante dibujos o palabras escritas el contenido de cajones (ejemplo: calcetines, faldas, jerséis, etc.).

Quitar alfombras y retirar objetos que puedan estorbar el paso (cables, etc.).

Los espejos se taparán cuando se sientan confusos o asustados, pues él mismo no se reconocerá.

Los **accesos** y **salidas** son lugares peligrosos por la tendencia del mayor a la fuga e incluso por desconocimiento real del peligro que entraña, por lo cual tenemos que proceder a mantener unas medidas de seguridad.

PAUTAS A SEGUIR

Colocar cerrojos o verjas de protección en las ventanas.

Pintar la puerta de entrada a la vivienda del mismo color que las paredes o cubrirla con una cortina.

Asegurarse de que la puerta de salida siempre está bien cerrada.

RECUERDE

Los enfermos de Alzheimer son especialmente sensibles al clima existente a su alrededor. Un entorno adaptado facilita su autonomía y hace más agradable su vida y la de sus cuidadores.

30

AUTONOMÍA

A medida que la enfermedad progresa se va perdiendo la capacidad para realizar los actos más comunes de la vida diaria como son:

Vestirse y arreglarse.

Alimentarse.

Bañarse y lavarse.

Uso del retrete.

La enfermedad hace que no se den cuenta de la necesidad de **vestirse**, **arreglarse** o les impide encontrar la ropa apropiada.

PAUTAS A SEGUIR

Necesitan orientación para ello: Se pueden poner en los armarios dibujos que indiquen la ropa que hay y separarla por temporadas o fines.

Tendrán dificultades para ponerse la ropa y olvidarán los pasos a seguir: Para ayudarles colocaremos la ropa en el orden en que deben ponérsela. Sustituiremos todo lo que no sepan abrocharse por velcros o cremalleras.

Utilizaran zapatos cómodos que sean fáciles de poner y quitar (con cierre adhesivo).

Hágale partícipe activamente en la **alimentación** y preparación de la comida, bajo la supervisión del cuidador, pues le servirá para estimular la memoria, el lenguaje y la actividad manual.

PAUTAS A SEGUIR

Mantener el horario de comidas y sentarlos siempre en el mismo lugar.

Invitarles a poner y quitar la mesa.

Darles los cubiertos de uno en uno.

Permitirles que coman con la mano cuando no sepan utilizar los cubiertos.

Partirles la comida en trozos pequeños y si se atragantan aplastarlos o triturarlos.

No mezclar sólidos y líquidos.

Utilizar para los líquidos gelatinas y espesantes.

En la actividad del **baño** e **higiene personal** es recomendable establecer una rutina de horarios y adaptar el baño.

PAUTAS A SEGUIR

Convertir el baño en una actividad relajante y lo más placentera posible.

Dar tiempo para prepararse y lavarse.

Respetar su intimidad.

Explicar cómo realizar esta actividad paso a paso.

Dejar siempre las cosas en el mismo lugar y no cambiar los colores o formas de los objetos utilizados.

No meterles prisa.

La capacidad del **uso del retrete** disminuye con la progresión de la enfermedad.

PAUTAS A SEGUIR

Señalizaremos la puerta del baño con un distintivo fácil de reconocer (dibujo, luz, etc.).

La ropa debe ser fácil de quitar.

Interpretar sus gestos cuando tienen ganas de ir al WC (caminar en exceso, desabrocharse el pantalón, etc.).

Acompañarles y decirles en todo momento lo que deben hacer.

Establezca una rutina de micción y defecación, si es preciso, recuérdele que es hora de ir al baño.

RECUERDE

Cuánto más tiempo se utilicen estas capacidades básicas, más tiempo se conservará la "calidad de vida".

INCONTINENCIA URINARIA

La incontinencia es la pérdida involuntaria del control de la orina. Aunque con el envejecimiento se puede afectar esta capacidad nunca debe considerarse como algo normal en la edad avanzada. Se trata de un problema que produce gran malestar en el adulto mayor y en sus cuidadores, y puede llevar al aislamiento por los sentimientos de vergüenza que provoca.

El origen de este problema puede ser:

Infección del aparato urinario.

El aumento de la próstata que ocurre con la edad.

En estados de confusión aguda.

Por la toma de fármacos.

Por los trastornos de la movilidad.

PAUTAS A SEGUIR

Habituarle a orinar al levantarse y antes de cada comida, antes de ir a dormir y a intervalos regulares durante el resto de día (cada 2-3 horas).

Asegurar un fácil acceso al baño, eliminando obstáculos que dificulten su desplazamiento.

Utilizar ropa fácil de quitar y poner.

Controlar la ingesta de líquidos antes de acostarse.

Mantener al adulto mayor siempre seco y limpio. Pueden utilizarse dispositivos como pañales y colectores.

RECUERDE

Su conducta como cuidador será "saber afrontar el problema", controlar la angustia que la incontinencia produce y establecer una rutina regular de eliminación.

ESTREÑIMIENTO

El estreñimiento no es una enfermedad, es un trastorno digestivo que se traduce por una escasa o infrecuente evacuación de las heces. Casi todas las personas lo sufren de forma pasajera en algún momento de su vida.

Sus causas más frecuentes son:

Dieta inadecuada (escasa ingesta de frutas, verduras o legumbres) y toma insuficiente de líquidos.

La inmovilidad, es decir, la falta de ejercicio físico.

El efecto adverso de ciertos medicamentos (antiácidos, diuréticos, hierro, etc.).

PAUTAS A SEGUIR

Dar alimentos ricos en residuos como vegetales, frutas, legumbres, frutos secos y cereales.

Forzar la ingesta de líquidos.

Aumentar y programar una actividad física.

En caso necesario poner enemas con regularidad o utilizar fármacos que ablanden las heces (consulte al médico).

RECUERDE

Aunque este trastorno no reviste gravedad, sí provoca malestar al anciano, por ello, es importante seguir las medidas recomendadas o bien consultar al médico.

CAMBIOS DEL COMPORTAMIENTO

En el trascurso de una demencia pueden aparecer trastornos de conducta que en ocasiones pueden hacer que la convivencia familiar resulte difícil y a veces incluso imposible.

Conviene saber que:

Estos comportamientos **no se realizan de forma intencionada**, sino que son consecuencia de la enfermedad (por cambios cerebrales) y en ocasiones por cambios ambientales (modificaciones de la rutina habitual).

Las técnicas de modificación o manejo de estos trastornos han de ser aplicadas de forma sistemática y de igual manera para todas las personas.

Agresividad

El enfermo con demencia puede volverse agresivo con las personas más cercanas sin motivo aparente.

Este comportamiento puede desencadenarse por:

Sentimientos de frustración o inutilidad al no poder realizar las actividades más básicas.

Dolor oculto.

Cambios en la rutina cotidiana.

Efectos de alguna medicación.

Enfermedades como pueden ser los procesos infecciosos.

PAUTAS A SEGUIR

Nunca gritarles o regañarles.

Dirigir la atención del enfermo hacia otras cosas. Hablarle de cualquier cosa de forma tranquila con el fin de distraerle.

Prevenir las situaciones que desencadenan el problema.

Explicarles las actividades que se van a hacer y darles tiempo.

Consultar con el médico, puede ser conveniente revisar la medicación.

RECUERDE

No pierda la calma ni utilice la medicación como primera medida. Distraiga su atención y averigüe que le provoca esta situación.

Vagabundeos

En ocasiones el adulto mayor con Alzheimer permanece andando durante mucho tiempo sin rumbo fijo y sin motivo aparente. Resulta casi imposible que se siente, pues volverán a levantarse, yendo de un lado para otro. Este tipo de conducta puede ser un problema cuando se produce en lugares inadecuados o existe un riesgo de caída o de fuga.

Posibles causas:

Necesidad de realizar una actividad física.

Expresión de una sensación de malestar, dolor, hambre, sed, ...

Necesidad de acudir al aseo.

Por desorientación: el enfermo no recuerda donde se encuentra, se siente confuso, es la búsqueda interminable de "algo".

PAUTAS A SEGUIR

Facilitarles un ejercicio físico regular controlado. Puede acompañar a su familiar a dar paseos al aire libre o incluso realizar una sencilla tabla de gimnasia. Mantener una rutina diaria, es primordial que realicen todos los días las mismas actividades, a la misma hora y en los mismos lugares. Esto les proporcionará seguridad.

Acondicionar el entorno sin barreras arquitectónicas creando un entorno seguro.

Utilice señales de orientación (con letras o dibujos en las diferentes habitaciones de la casa).

Proteger el hogar con cerraduras y sistemas de seguridad.

Utilizar pulseras de identificación, por si llegara a perderse.

No prestar atención a las caminatas, reforzar actividades alternativas.

RECUERDE

Programe una actividad de paseos o de ejercicio diario y evite el riesgo de fugas con sistemas de seguridad en el hogar.

Repetición de palabras y acciones

Son actos involuntarios sin motivación aparente por parte del enfermo, consecuencia de un estado de intranquilidad o excitación (repiten preguntas, se frotan las manos, abren los grifos, hacen ruidos sin finalidad aparente...)

PAUTAS A SEGUIR

Acérquese a su familiar con calma y háblele en tono pausado.

Presione la parte del cuerpo donde se manifiesta la agitación.

Intente distraerle, no le regañe, y algunas veces sólo funciona el que usted lo ignore.

Si el gesto que se repite es con las manos, aprovéchelo para doblar ropa, contar pinzas, utilizar un simple monedero, etc.

Procure no dejarle sólo, se debe supervisar a distancia.

Es recomendable utilizar música suave que relaje la situación ambiental.

RECUERDE

Favorezca siempre un ambiente tranquilo y organícele actividades que le mantengan entretenido.

Alucinaciones

Los enfermos con alucinaciones ven, oyen y sienten cosas que no existen, y con frecuencia estas son de tipo visual.

Posibles causas:

Trastornos sensoriales.

Efectos secundarios de una medicación.

Poca iluminación.

Un trastorno físico descompensado: deshidratación, infección, etc.

PAUTAS A SEGUIR

Nunca negarle la alucinación, para él es real.

Tranquilícele, hablándole en un tono suave, diciéndole en todo momento quienes somos, para que él se sienta confiado y seguro.

Intente distraerle mostrándole algo que le guste.

Si la alucinación no le causa angustia, ni entraña peligro, puede no ser necesario intervenir.

Consulte a su médico, pues será necesario revisar la medicación.

RECUERDE

No discuta con su familiar ni niegue lo que ve u oye. Le hará sentirse más nervioso y frustrado.

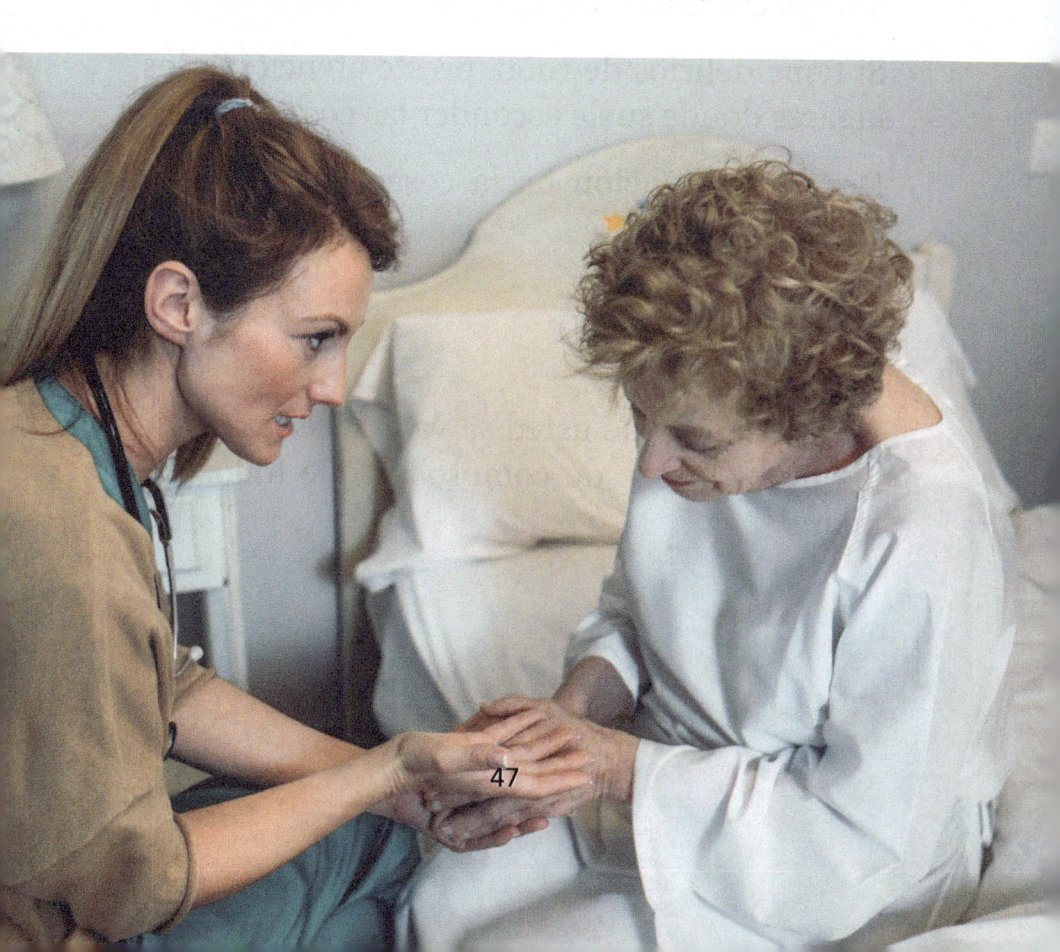

Delirios

Los delirios consisten en falsas ideas que no tienen evidencia en la realidad. Son frecuentes los delirios de perjuicio, el enfermo cree que le roban o le quieren infringir algún daño.

PAUTAS A SEGUIR

Sitúele en un espacio conocido y familiar.

Escúchele para que se sienta atendido.

No discuta con ellos. No le dé la razón, ni le lleve la contraria. Dígale que le va a ayudar.

Si tiene delirios de robo, preste atención a los lugares donde suele esconder las cosas.

Desvíe su atención hacia cosas o actividades agradables.

RECUERDE

Hágale saber que usted se va a hacer cargo de los problemas y de comprobar que todo esté bien.

Inactividad. Apatía.

Los enfermos con apatía presentan falta de interés por las actividades de la vida diaria y del cuidado personal, disminución en la respuesta emocional y en la iniciativa.

Es importante diferenciar el enfermo apático de uno deprimido, ya que el manejo es bastante diferente.

PAUTAS A SEGUIR

Conviene organizarle actividades que le resulten placenteras, esto aumentará su estado de ánimo.

Hágales sentir útil dentro del entorno familiar.

Si el adulto mayor enfermo no desea cooperar en algo es preferible no insistir. Distráigale y vuelva a intentarlo más tarde.

Fomente que realice algún ejercicio físico y anímele a relacionarse con otras personas.

En algún caso es conveniente utilizar el tratamiento medicamentoso. Consulte con su médico.

RECUERDE

Dele su apoyo. Escuche sus sentimientos. Hágale que se sienta lo más integrado posible dentro de la familia.

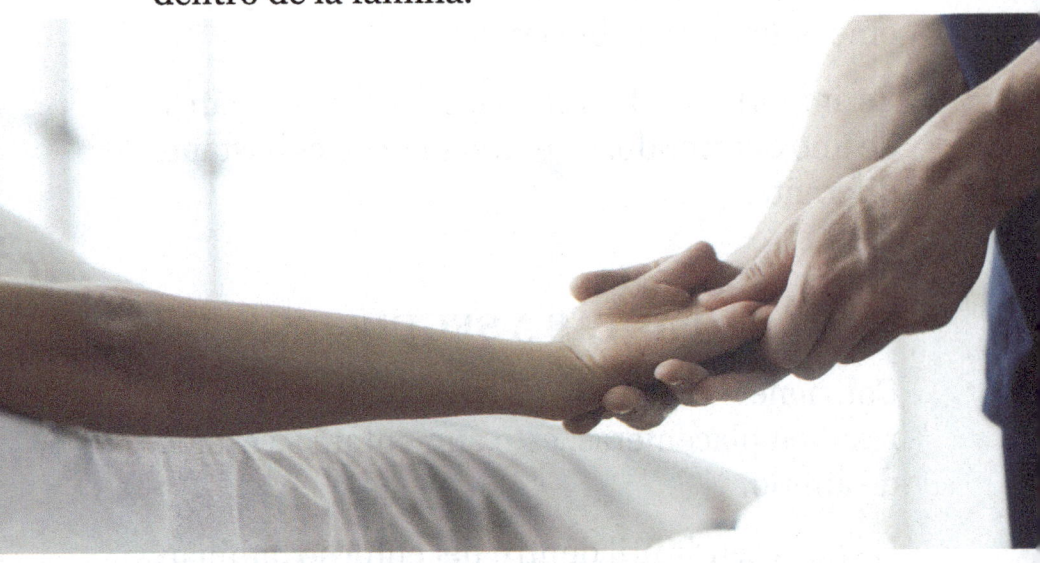

Problemas del sueño

Conseguir que la persona con demencia vaya a la cama y encima duerma y no se mueva, es tarea muy difícil. Es frecuente presentar síntomas de lo que se conoce como "Inversión de la pauta del sueño". Están despiertos la mayor parte de la noche y duermen durante el día.

Esta alteración de conducta es una de las que más repercusión tiene en los cuidadores.

PAUTAS A SEGUIR

Mantenga una actitud calmada, no se intranquilice con su familiar.

Organícele una actividad física durante el día.

Evite cabezadas diurnas o que duren más de 30 minutos.

Haga que siempre se vaya a la cama a la misma hora.

Prepare cenas ligeras y evite exceso de líquidos antes de ir a la cama, podría aumentar su excitación.

El dormitorio debe ser silencioso y con luces tenues.

RECUERDE

Su familiar necesita dormir para reponer fuerzas tras la actividad física y mental que realiza durante el día.

COMUNICACIÓN CON PERSONAS CON DEMENCIA

La comunicación del enfermo de Alzheimer va deteriorándose a medida que avanza la enfermedad. El lenguaje espontáneo disminuye y las conversaciones cada vez se hacen más cortas, afectándose tanto la producción como la comprensión del lenguaje verbal.

Llegará el día en que no comprenda lo que le decimos y sea necesario recurrir a la comunicación no verbal: con gestos, por imitación, acariciándole, a través de una sonrisa.

PAUTAS A SEGUIR

Capte la atención del adulto mayor antes de comenzar la conversación y mírele siempre a los ojos cuando le hable o le escuche.

Llámele siempre por su nombre, así mantendremos su orientación personal.

Utilice un lenguaje sencillo con frases cortas y sencillas. Hablándole lentamente y con claridad.

Emplee siempre mensajes en positivo. Es mejor indicarle lo que debe hacer, más que lo que no debe hacer (es preferible decirle "quédate en la silla" a "no te muevas de la silla").

Al darle a elegir algo, no ofrecerle más de dos alternativas para no confundirle (Ej. Quieres ¿carne? o ¿pescado?).

Dele tiempo a responder, la velocidad de comprensión está enlentecida y tardará más tiempo en elaborar una respuesta.

Al pedirles hacer una tarea, es conveniente descomponerla en pequeños pasos y no seguir hasta no cumplir los pasos previos.

Tenga paciencia. Cuando el mayor haga la misma pregunta una y otra vez, contéstele brevemente y nunca malhumorado.

Trátele con respeto y no hable con otra persona como si él no estuviera.

No escatime gestos cordiales: sonrisas, abrazos. Le infundirán confianza y facilitará la tarea de la comunicación.

RECUERDE

La memoria emocional se mantiene hasta el final de la enfermedad. El enfermo con Alzheimer es capaz de percibir la comunicación afectiva: las caricias, la sonrisa, los abrazos...

APRENDER A CUIDARSE

CONSECUENCIAS DE SER CUIDADOR

Debe saber que cuidar a una persona con demencia supone más que cuidarla físicamente, se añade comprenderla, decidir por ella, interpretar sus cambios de carácter, y evitarle riesgos, todo esto hace que el cuidado no sea una tarea fácil.

No todos los cuidadores afrontan este reto de la misma manera, ni supone a todos los mismos esfuerzos, pero es cierto que con el tiempo se produce en mayor o menor medida un "desgaste físico y emocional" que repercute en el estado de salud del cuidador.

En general las personas que ejercen de cuidadores no vigilan su salud, pues la tarea es considerable, y así ante pequeñas "señales de alarma" (dolor, tristeza, insomnio, inquietud, cansancio...) continúa cuidando sin prestarse atención.

Estas "dolencias", y "padecimientos" son el comienzo de un mal estado de su salud si no lo remedia. Tiene por tanto que saber reconocer estos síntomas, y darle su debida importancia para no aumentar el sufrimiento de usted y el de su mayor enfermo.

Sepa que su ser querido si pudiese no le pediría tanto sacrificio.

Si usted se cuida en los aspectos físicos, emocionales y sociales, cuidará mejor a su mayor (tiempo y calidad).

Para que él / ella, su familiar o paciente enfermo, note su confianza y responda a su necesidad, precisa de una persona con energía y salud, es decir, una persona cuidada.

PAUTAS A SEGUIR

Reconocer que ambos son igual de importantes en los cuidados.

Usted cuida a un ser querido **enfermo.**

La enfermedad que padece va a precisar de usted cada día un poquito más y para ello debe de programarse.

Saber hasta dónde puede llegar, y a partir de qué momento tiene que pedir ayuda.

Ser realista, a todo no llega y habrá cosas que tendrá que delegar por el bien suyo, no se engañe.

Elegir aquellas tareas que le suponen a usted con su familiar más satisfacción y menor perjuicio para su salud física y/o emocional.

Y, sobre todo, no culparse, los sentimientos negativos existen y deben de aflorar, no los esconda, perjudicaría seriamente su salud.

RECUERDE

La falta de cuidados para usted puede ser fatal, ¿lo ha pensado? Ni su mayor estará bien cuidado ni usted tampoco.

62

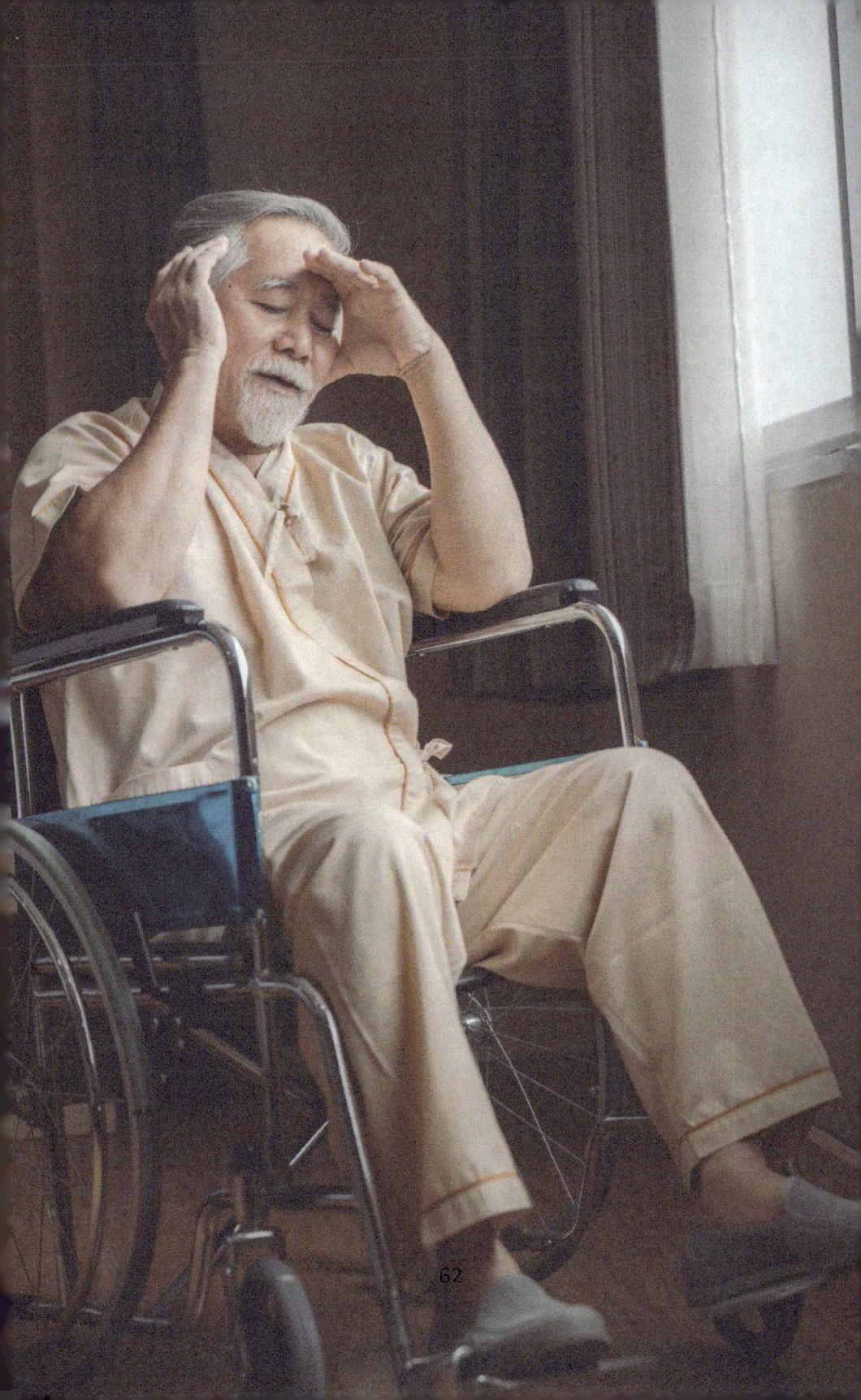

LA SALUD DEL CUIDADOR PRINCIPAL

Es responsabilidad de usted como cuidador mantener un buen estado de salud, tanto físico como emocional, y para ello debe buscar tiempo para acudir al médico, tiempo para disfrutar de ratos con su familia, sus amigos, seguir manteniendo algún hobby, buscar soluciones, etc...

Debe ser consciente de la necesidad de poner límite al papel de cuidador a favor de su autocuidado. Desarrollar una actitud favorable y activa en la búsqueda de soluciones es una forma positiva de introducir cambios en la tarea que ha asumido y, sobre todo, hacerla compatible con su proyecto de vida.

PAUTAS GENERALES

Aprenda a delegar.

Programe su vida.

Deje espacios de ocio y libertad y ¡respételos!

Su tesoro es su tiempo. Su tiempo es su salud.

RECUERDE

Acepte sus limitaciones, no todo puede solucionarlo usted.

Debe buscar cosas o hechos positivos, no lo olvide.

SEÑALES DE ALERTA

¡Obsérvese! Los cambios en sus hábitos de vida como comer más o menos, el ritmo del sueño, dormir peor o incluso no dormir, la irritabilidad con los suyos, la tristeza continua, la sensación de que nadie le agradece el esfuerzo que está haciendo sintiéndose ignorado/a, pueden ser el inicio de una "sobrecarga", y sepa que al final de estos cambios está la pérdida de su estado de salud, con depresión, dolor crónico, falta de vitalidad, aislamiento....

Para ello debe de aprender a conocer sus sentimientos y señales de alerta que le informan de cómo se está viendo afectado/a:

Problemas para dormir.

Cansancio nocturno.

Pérdida de contacto social.

Empieza a consumir alcohol y sedantes.

Cambios en los hábitos alimentarios.

Tiene dificultades para concentrarse.

Deja de tener interés para actividades que antes le producían placer.

Comienza a realizar actos rutinarios y repetitivos como limpiar la casa continuamente.

Se enfada fácilmente.

Tiene un trato desconsiderado con el resto de sus familiares y amigos.

PAUTAS GENERALES

Solicite ayuda de sus familiares.

Solicite ayuda de profesionales.

Solicite ayuda de amigos y voluntarios.

Solicite ayuda de instituciones.

RECUERDE

Ante estos síntomas, piense que está al límite de sus posibilidades y que requiere ayuda **PÍDALA.**

COMO SABER SI SOY UN CUIDADOR SOBRECARGADO

(Anotar Sí o No) (Sí: 1 punto. No: 0 puntos.)

ÍNDICE DEL ESFUERZO DEL CUIDADOR	SI	NO
1 Tiene trastornos del sueño (por ejemplo, porque el enfermo se levanta o se acuesta por la noche).		
2 El cuidado de su paciente es poco práctico (porque la ayuda le consume mucho tiempo y tarda en proporcionarse).		
3 Esta situación le representa un esfuerzo físico (por ejemplo, porque hay que sentarlo y levantarlo de la silla).		
4 Le supone una restricción a su vida anterior (por ejemplo, por que ayudar le limita el tiempo libre y no puede hacer visitas).		
5 Ha habido modificaciones en su familia (por ejemplo, la ayuda ha roto la rutina o no hay intimidad).		
6 Ha habido cambios en los planes personales (por ejemplo, tuvo que rechazar un trabajo o no pudo ir de vacaciones).		

7 Ha habido otras exigencias de tiempo (por parte de otros miembros de la familia).		
8 Ha habido cambios emocionales (por ejemplo, por discusiones).		
9 Algunos comportamientos del paciente le resultan molestos (por ejemplo, incontinencia, acusa de que le quitan cosas).		
10 Le duele darse cuenta de lo mucho que ha cambiado el enfermo comparado a cómo era antes.		
11 Ha habido modificaciones en su trabajo.		
12 El enfermo es una carga económica.		
13 La situación se ha desbordado totalmente.		

Puntos:

Si su puntuación es superior a 7 ¡cuidado!, está poniendo en riesgo su **SALUD.**

RECUERDE

Fíjese metas realistas, usted existe y él le necesita para algo más que para hacer cosas. Comparta las obligaciones, delegue responsabilidades y emplee tiempo en estar y acompañar a su adulto mayor.

ESTRATEGIAS PARA CUIDARSE CUIDANDO

Su estado de salud es importante, debe conocerse y poner límites realistas a la carga como cuidador y mantener **hábitos saludables.**

PAUTAS GENERALES

Comer bien y a sus horas con una dieta equilibrada.

Hacer ejercicio diariamente si es posible.

Dormir y descansar varias veces al día.

Hablar por teléfono o personalmente con familiares y amigos.

Dedicar sus ratos a leer, pintar, coser... es decir, a sus hobbies.

RECUERDE

Los hábitos correctos de sueño, alimentación y ejercicio son su fuente de salud.

Aprenda a **reconocer sus sentimientos** positivos y negativos. Son reales, debe de conocer el motivo de sus sentimientos contradictorios. Solicite y busque quien le puede ayudar para aclararle dudas.

PAUTAS GENERALES

Si se siente triste: Realice actividades gratificantes y busque quien le escuche.

Si se siente desbordado: Ponga sus límites y delegue.

Si se siente enfadado: Tiene derecho, pero luego medite, él no puede interpretar las razones de su enfado, delegue, hay alguien más que puede sustituirle.

RECUERDE

La queja indiscriminada no soluciona su problema, ni identifica a quien o quienes le pueden ayudar.

Tiene que estar preparado para **reconocer las limitaciones del que cuida**, no mire hacia atrás, ya no es el que fue, y por lo tanto no le pida que lo sea, pero si es alguien que aún mantiene habilidades y recuerdos que puede compartir con usted, aprovéchelos.

PAUTAS GENERALES

La rutina del día a día da seguridad al adulto mayor con demencia.

La paciencia es una cualidad que debe entrenar un cuidador.

La comunicación verbal y no verbal es una herramienta que le facilita el trabajo.

Planificar su futuro, el del enfermo mayor y el resto de su familia normaliza la actividad cotidiana.

Horario constante de comidas, baño, acostarse, levantarse...

Manejar ropa fácil de usar.

Hacer comidas variadas respetando el gusto del adulto mayor.

Simplificar las tareas y los esfuerzos, existen ayudas técnicas.

RECUERDE

Haga fácil, con la rutina, una labor tan difícil.

Mantenga actividades que puedan compartir y le haga a ambos la vida más agradable.

PAUTAS GENERALES

Oír música juntos.

Leer un libro en voz alta, mejor si es conocido.

Mirar álbumes.

Ver películas antiguas.

Merendar con familiares comunes que reconozca.

RECUERDE

Esto le ayuda a disminuir la carga de actividades y a mejorar la autoestima del mayor.

Ayude a mantener la independencia de su adulto mayor, el mayor tiempo posible, conozca lo que puede hacer él solo o con escasa supervisón y déjele que lo haga. No le pida actividades que no puede realizar, serán motivo de frustración, y tendrá consecuencias en su comportamiento con agresividad o inhibición.

Además, esto le aporta seguridad al enfermo de Alzheimer y evita que usted tenga que tomar decisiones continuamente por él, con el desgaste personal que esto supone.

RECUERDE

Mantenga el máximo tiempo posible la independencia del adulto mayor, no le sustituya.

Debe de **conocer que su familiar puede pasar etapas con cambios de carácter y comportami ento,** más conflictivas y donde usted se verá desbordado por la carga excesiva de cuidados que debe de afrontar.

PAUTAS GENERALES

Evite confrontaciones.

Aprenda a comunicarse por la mímica y los gestos.

Háblele a la cara, utilice la expresión corporal.

Prepárese para solicitar ayudas sin renunciar a la institucionalización.

RECUERDE

El enojo, los gritos y la crispación empeoran la situación. No olvide que su familiar o su cliente, además, es un enfermo.

Identifique sus necesidades Haga una lista de sus necesidades reales para mantenerse sano y poder cuidar mejor.

PAUTAS GENERALES

Tiene derecho a tener un tiempo libre real. Puede ser poco, pero es suyo.

Tiene derecho a mantener un "mínimo" de contacto social con sus amigos y otros familiares.

Tiene derecho a cometer errores, cansarse de cuidar y desear no seguir haciéndolo.

Tiene derecho a expresar sus sentimientos y buscar al alguien que le apoye.

Tiene derecho a enfadarse y tener sentimientos negativos.

Tiene el deber de programar su futuro con él y sin él.

Y sobre todo tiene derecho a poner límites ante demandas excesivas o en las que corra peligro su salud.

RECUERDE: NO LLEGUE AL LIMITE

MANEJO DE SITUACIONES DIFÍCILES

Podemos considerar que más que la incapacidad física (moverse o trasladarse) del mayor enfermo, incluso más que su declive físico y psíquico, lo que realmente estresa al cuidador son los trastornos de la conducta y del comportamiento, sus cambios repentinos de carácter y los cambios en el ritmo del sueño.

Los cuadros más frecuentes que producen sobrecarga son:

Agitación, inquietud y recelo.

Trastornos del sueño.

Comunicación verbal.

Repetición de palabras y acciones.

Alucinaciones y delirios.

Estas situaciones han sido abordadas en la primera parte de la guía (Cuidados a la persona con Alzheimer). El éxito está, en líneas generales, en mantener el control de la situación. Este estado de cambio de conducta tiene un límite en el tiempo y es más corto si modificamos el entorno, las circunstancias, e incluso el escenario.

PAUTAS GENERALES

Apóyele si se enfada por algo que cree cierto y modifique su atención poco a poco.

No discuta. Sosiéguele.

Bríndele seguridad. Abrácele.

Cámbiele paulatinamente de sitio. Póngale a caminar.

Si es una acción determinada en un momento preciso, ¡analícelo! y cambie el patrón de actividades. Procure no dejarle solo en estas situaciones comprometidas, debe supervisarle a distancia.

RECUERDE

Sobre todo, por usted, no haga de estas situaciones un problema personal. Su familiar no lo hace premeditadamente.

REACCIONES CATASTRÓFICAS

Puntualmente puede encontrarse con una situación más complicada conocida con el nombre de "reacciones catastróficas".

En determinadas situaciones, con algunas personas o con usted como cuidador, el adulto mayor puede reaccionar de forma impredecible y brusca, rebelarse y manifestar un miedo intenso. Ante esta situación él reaccionara con agresividad y defensa mediante gestos, patadas, etc.

PAUTAS GENERALES

Esté usted preparado, esto puede suceder en momentos puntuales de más agitación (visitas, cambios de lugar, actividades como el baño...), y no debe de estar solo, para la seguridad de usted y de su ser querido.

Pida ayuda antes de que la situación le desborde. No olvide que su seguridad y la de él, es lo primero.

Dedique un poco más de tiempo, menos prisas, sosiego, caricias.

RECUERDE

Es usted el único capaz de controlar la situación, su familiar o paciente no está capacitado.

RECURSOS

INFORMACIÓN GENERAL

Los cuidados y atenciones que necesita un enfermo de Alzheimer no son únicamente de índole sanitaria, requiere también de recursos, tanto humanos como materiales y sociales.

La enfermedad de Alzheimer tiene una gran repercusión social, en el propio enfermo y en su familia, y sobre todo en el cuidador principal, por tanto, la atención debe ser socio-sanitaria y no solo dirigida al enfermo, sino también a sus familiares.

En respuesta a esta situación, hay suficiente apoyo en la comunidad que ponen a su disposición un conjunto de servicios y recursos, destinados a satisfacer las diversas necesidades de los adultos mayores para una mejor calidad de vida, con el objeto principal de favorecer el mantenimiento del adulto mayor en su entorno durante el mayor tiempo posible.

Para la atención a las personas afectadas de Alzheimer, así como a sus familiares, existen una serie de recursos y servicios específicos destinados a solventar las necesidades planteadas y favorecer su bienestar social.

Estos son los siguientes:

Servicios Domiciliarios.

Servicio de Teleasistencia.

Centros de Día Especializados.

Programa de Respiro Familiar.

Programa al Cuidador.

Residencias.

¿Dónde tengo que ir para informarme y acceder a éstos servicios?

La puerta de entrada para acceder a éstos recursos es el Centro de Servicios Sociales, en donde a través de la Unidad de Trabajo Social, se informa y asesora sobre los recursos sociales dirigidos a los adultos mayores.

CENTROS DE SERVICIOS SOCIALES

¿En qué consisten?

Son equipamientos básicos de los Servicios Sociales. Constituyen el punto de acceso más cercano de los ciudadanos al sistema de servicios sociales.

¿Qué ofrecen?

En estos Centros, a través de un equipo de profesionales, se realizan las siguientes funciones:

Informar, orientar y asesorar sobre recursos sociales.

Detectar, identificar y verificar cualquier situación de riesgo en los adultos mayores, en especial.

Valoración y adopción de decisiones de carácter de urgencia, en casos que así lo precisen.

Tramitar recursos y prestaciones sociales.

Diseño de intervención social de cada persona, programando la intervención directa y aplicando los recursos que la problemática requiera.

Seguimiento y evolución de las intervenciones.

RECUERDE

Mantener el número de emergencia de su doctor, trabador social emergencia.

SERVICIOS DOMICILIARIOS

¿En qué consisten?

Se denominan así los servicios que recibe, en su propio hogar, una persona que precisa ayuda para completar su nivel de autonomía, facilitando así la permanencia en su entorno habitual, el mayor tiempo posible con una buena calidad de vida.

Los servicios se adaptan al nivel de dependencia de la persona, tanto en su intensidad como en su contenido, y las personas que los realizan son auxiliares domiciliarios, profesionales debidamente preparados para el desempeño de sus tareas.

El condado de su comunidad presta los Servicios Domiciliarios mediante contratos de gestión con empresas privadas, supervisando y garantizando su funcionamiento en todo momento.

¿Qué ofrecen?

Los Servicios Sociales de Ayuda a Domicilio comprenden:

Aseo personal:

Ayudando a personas que no puedan hacerlo ellas mismas, a bañarse, mantener la higiene diaria.

Manejo e higiene personal de personas encamadas:

Realizando aseo diario y cambiando de postura a la persona encamada para evitar la aparición de escaras.

Limpieza del hogar:

Mantener el domicilio en unas buenas condiciones de higiene y habitabilidad.

Preparación de comida:

Procurando una dieta equilibrada y adecuada para cada persona. Comida a domicilio:

Es un servicio de transporte de comidas equilibradas, envasadas y conservadas en condiciones de higiene y seguridad óptimas, y entregadas en los domicilios de los adultos mayores.

Lavado y planchado de ropa:

Mediante la recogida de ropa sucia en el domicilio y su entrega una vez lavada y planchada.

Acompañamiento:

A visitas médicas, gestiones diversas.

Adaptaciones geriátricas:

Pequeños arreglos en el domicilio para facilitar la movilidad y evitar barreras arquitectónicas, por ejemplo, sustitución de la bañera por un plato de ducha de más fácil acceso.

Camas articuladas:

Cuando una persona necesite permanecer largo tiempo acostado, a fin de facilitar su manejo y aseo.

Otras ayudas técnicas:

Para facilitar y garantizar seguridad en el propio domicilio, por ejemplo, poniendo asideros en el cuarto de baño, barandillas.

RECUERDE

Los Servicios de Ayuda a Domicilio se solicitan en el Centro de Servicios Sociales de su Distrito y a través del Trabajador Social correspondiente.

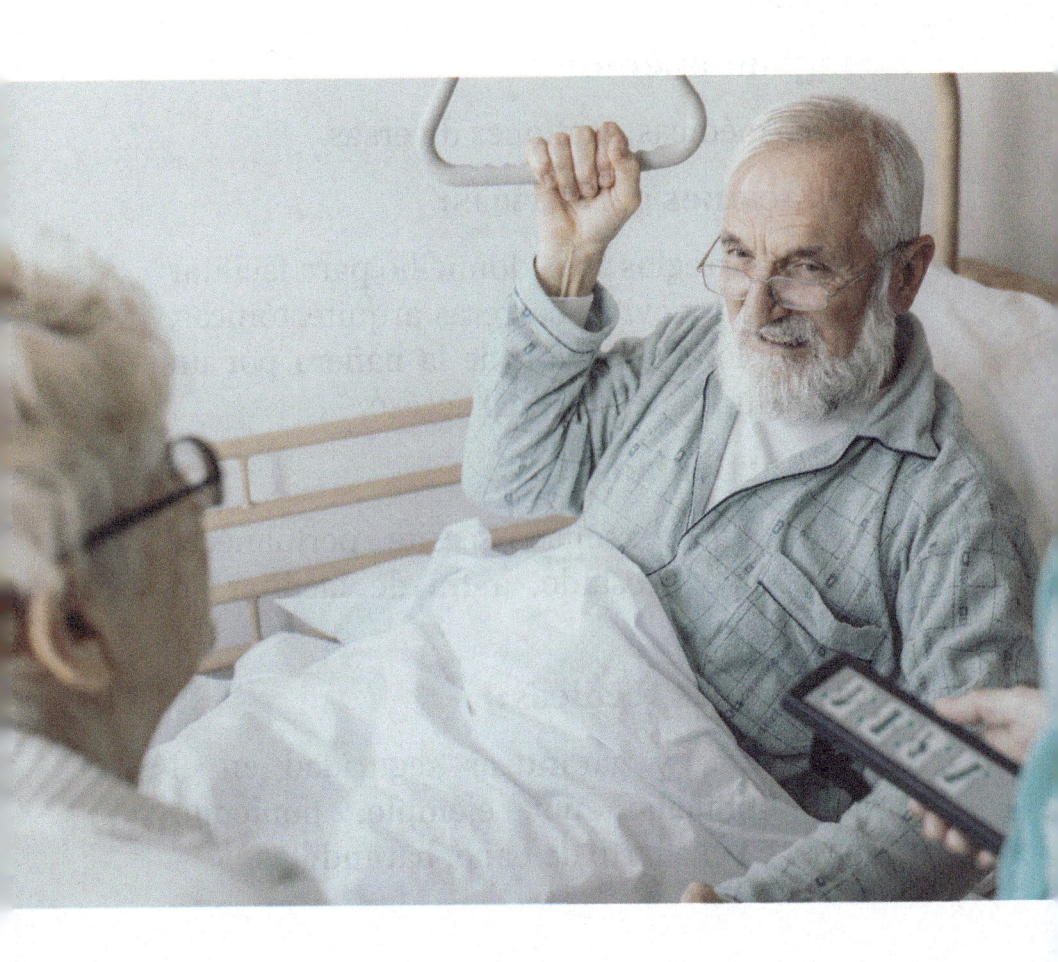

SOLICITE EL PROGRAMA SALUTE HOSPICE inc.

¿En qué consiste?

Salute Hospice, proporciona atención domiciliaria personalizada, inmediata y permanente a personas que, por su avanzada edad, discapacidad o aislamiento social, necesitan apoyo para continuar viviendo en su domicilio. Es un Servicio especialmente aconsejable para personas que viven solas o pasan gran parte del día en soledad. Permite resolver situaciones de emergencias, ya que garantiza la comunicación en todo momento, las 24 horas del día, los 365 días del año.

Salute Hospice elabora un plan de cuidados médicos que satisfaga las necesidades individuales de cada paciente en cuanto a tratamiento del dolor y control de los síntomas.

El equipo de Salute Hospice está compuesto por:

Médicos, enfermeros, trabajadores sociales, capellanes/consejeros religiosos, voluntarios capacitados, auxiliares de salud doméstica y cuidado personal (ayuda para vestirse y bañarse).

El plan también incluye equipo médico como camas de hospital, silla de ruedas, pañales para adultos, transporte medico desde el hospital hasta el lugar de servicio, medicamentos, tratamientos de llagas y ulceras por presión para mantener cómodos a nuestros pacientes.

Cuidado de Hospice en su hogar es LIBRE DE COSTO, con seguro medicare y medical.

RECUERDE

Solicitar el apoyo a Education Caregivers, Inc.

Teléfono: 562-471-2986

CENTROS DE DÍA ESPECIALIZADOS

¿En qué consisten?

Son Centros donde se presta atención socio-sanitaria preventiva y rehabilitadora adultos mayores con alguna dependencia funcional, o aquejados de algún tipo de deterioro cognitivo (enfermedad de Alzheimer y otras demencias).

Los objetivos de los Centros de Día son:

Mantener el máximo nivel de autonomía posible de los pacientes en cada fase de la enfermedad, manteniéndole en su domicilio.

Ofrecer soporte a las familias y cuidador principal, mediante información y asesoramiento sobre el cuidado de los pacientes y permitiéndoles que puedan desarrollar sus actividades sociales, con la tranquilidad de saber que su familiar está siendo atendido.

¿Qué ofrecen?

Transporte adaptado.

Higiene personal.

Comedor.

Atención sanitaria.

Atención social.

Terapia ocupacional.

Fisioterapia.

Actividades recreativas.

Apoyo a la familia y a los cuidadores.

El tiempo que pasan los pacientes en el Centro de Día permite a los profesionales proporcionarles: cuidados generales de salud, terapias de mantenimiento y psicoestimulación, entrenamiento en actividades instrumentales cotidianas, entrenamiento cognitivo, terapia social y actividades generales. Todo ello en un ambiente familiar y protector con la finalidad de satisfacer las necesidades de atención básicas psico-sociales, y mantener la mejor calidad de vida posible. Los Centros de Día, además de proporcionar atención directa a los pacientes, cumple otro objetivo igualmente importante: aliviar a los cuidadores el estrés que provoca el cuidado diario de un enfermo de Alzheimer. Los profesionales del Centro informan a los familiares sobre la evolución de la enfermedad, les forman en el manejo de los problemas más frecuentes, y les asesoran en las dudas que puedan tener.

RECUERDE

Las plazas de Centros de Día se solicitan en el Centro de Servicios Sociales, a través del Trabajador Social correspondiente.

PROGRAMA RESPIRO FAMILIAR

¿En qué consiste?

Este programa consiste en proporcionar descanso a las familias que atienden diariamente los adultos mayores con Alzheimer, mediante la concesión de plazas en Centros de Día Especializados durante los fines de semana (sábados y domingos)

El objetivo de este programa es descargar a las familias del cuidado constante que requiere un paciente de Alzheimer, al menos los fines de semana, y permitirles realizar actividades sociales y de ocio que de otro modo no podrían hacer, al estar dedicados al cuidado del enfermo.

Los enfermos de Alzheimer que acuden a un Centro de Día Especializado los fines de semana, reciben los mismos servicios que se prestan en estos centros todos los días, y sus familiares disfrutan de un merecido descanso durante el tiempo que el paciente permanece en el Centro de Día

RECUERDE

Las plazas para Respiro Familiar, se solicitan en el Centro de Servicios Sociales de su Distrito, a través del Trabajador Social correspondiente.

PROGRAMA CUIDAR AL CUIDADOR

El cuidado de un enfermo de Alzheimer tiene unos efectos en el cuidador principal que varían de una persona a otra dependiendo de sus propios recursos. Pero suelen tener una característica común: desgaste físico y emocional.

Cuidar a una persona con Alzheimer supone, para su cuidador, un exceso de trabajo, afrontar situaciones de tensión, manejar situaciones difíciles, y en muchas ocasiones, repercute negativamente en sentimientos de impotencia y de culpabilidad.

Muchos cuidadores, sin darse cuenta, se van agotando en el cuidado de su familiar enfermo y terminan olvidándose de ellos mismos. Ahora bien, para cuidar adecuadamente es imprescindible mantener su propia salud y bienestar.

¿En qué consiste?

Con el programa cuidar al cuidador, se prende dar apoyo psicoterapéutico a las personas que cuidan habitualmente a un adulto mayor afectado de Alzheimer.

Son sesiones grupales, dirigidas por psicólogos, cuyo objetivo es enseñar a los participantes a mejorar la situación de sobrecarga que se tiene al cuidar a una persona mayor dependiente.

La duración es de tres meses, y las sesiones se realizan semanalmente, en cada uno de los Condados o Distritos correspondientes a su área de vivienda.

RECUERDE

Para solicitar la asistencia a este Programa, deberán dirigirse al Centro de Servicios Sociales de su Distrito.

RESIDENCIAS

¿En qué consisten?

Las Residencias son Centros que ofrecen alojamiento permanente y atención especializada a personas que, por su situación familiar, económica o social, así como por sus limitaciones de autonomía personal o deterioro cognitivo, no pueden ser atendidas en sus propios domicilios.

Los objetivos específicos son:

Mantener, en la medida de lo posible, las capacidades físicas y psíquicas del paciente mediante la aplicación de programas de estimulación física y cognitiva adecuados.

Garantizar un entorno seguro que minimice los accidentes.

Seguimiento de la evolución de los problemas médicos, psíquicos y sociales.

Realización de programas de intervención psicogeriátrica adaptados al paciente.

Información y apoyo a los familiares sobre su evolución y cuidados de sus adultos mayores ingresados.

RECUERDE

Para solicitar plaza en Residencias Públicas deberá dirigirse al Centro de Servicios Sociales de su Distrito.

ASPECTOS LEGALES

INFORMACIÓN GENERAL

La persona con enfermedad de Alzheimer va a presentar un deterioro en sus capacidades cognitivas que le impedirá decidir correctamente sobre asuntos importantes que le afecten a su persona y a sus bienes.

En estos casos de imposibilidad o dificultad para su autogobierno, el enfermo de Alzheimer puede provocar situaciones peligrosas en la vida cotidiana, tales como dejar el gas abierto, tomar erróneamente un medicamento, derrochar el dinero. Por ello, es necesario que alguien asuma estas responsabilidades a las que el enfermo no puede responder, es en este momento cuando se debe iniciar la incapacitación legal y el nombramiento de un tutor legal y administrador de sus bienes.

La incapacitación de una persona se considera como una medida de protección y amparo hacia las personas con falta de autogobierno debido a deficiencias físicas y psíquicas persistentes.

La incapacitación intenta potenciar al máximo las medidas de protección hacia los enfermos con Alzheimer y al mismo tiempo ofrecer las máximas garantías a éste y a su familia para defender y ejercitar sus derechos.

El proceso de incapacitación lo puede iniciar los familiares, quienes deben estar informados sobre la conveniencia de la incapacitación, ya que con ello se busca siempre el beneficio de la persona afectada.

La tramitación de una incapacitación se realiza mediante una declaración judicial de incapacidad, para lo cual es necesario iniciar una demanda mediante abogado.

Ahora bien, los familiares no deben alarmarse ante este proceso: "es una solicitud que la familia cursa para implantar un sistema de protección especial para el enfermo".

La incapacitación judicial es el único medio que existe para reconocer y declarar la limitación o la inexistencia de la capacidad jurídica y de la capacidad de obrar, siempre que tenga su origen en determinadas enfermedades de tipo físico o psíquico.

En la sentencia judicial, se delimita el alcance y grado de la incapacidad, qué actos puede realizar la persona y cuáles deben de ser representados.

En resumen, la incapacidad es la anulación o limitación de la capacidad de obrar de una persona para dar lugar a que actúen las instituciones de protección y asistencia que ofrece el Derecho.

RECUERDE

Para mayor información, puede dirigirse al Centro de Servicios Sociales correspondiente a su distrito, a través del Servicio de Orientación Jurídica.

ImagiLab

Made in the USA
Columbia, SC
02 December 2024